特定非営利活動法人　共同保存図書館・多摩
第８回多摩デポ講座（２０１０・７・９）より

多摩を歩いて三七年半

～街、人、暮らし、そして図書館～

元アサヒタウンズ記者
山田　優子

目次

はじめに

ただいまご紹介いただきました元アサヒタウンズ記者の山田優子と申します。

本日は、アサヒタウンズというのはどういう新聞だったかということ、多摩を歩いて感じたこと、それから何度も取材させていただいた図書館について、また、みなさま関心がおありだろうと思われる廃刊に至ったいきさつ、そして廃刊にあたって資料を多摩地

第1869号　(1973年7月18日 第三種郵便物認可)　1部45円（税込）郵送購読料：半年2000円　郵便振替口座番号：00140-5-47617　2010年3月25日　木曜日

朝日新聞の姉妹紙　多摩西版

毎週木曜日発行・多摩全域・発行部数：500,000部

アサヒタウンズ

©発行：アサヒタウンズ　〒190-0022　立川市錦町2-6-3朝日立川ビル3F　発行協力：東京都ASA連合会

TEL 042-525-4811　FAX 042-525-4814　Eメール asatan@coral.ocn.ne.jp

多摩・武蔵野エリア医療情報　困った時はドクステ　Dr.ステーション　詳しくは ドクステ で検索　← 詳しくは13面の広告をご覧下さい

今週で廃刊。ご愛読感謝します

2月25日付でお知らせしましたように「アサヒタウンズ」は、本日3月25日付の1869号で廃刊いたします。1972年11月の創刊以来、37年5カ月に渡りご愛読いただきましたことを深く感謝いたします。（株）アサヒタウンズ

今週の紙面　20頁

読者通信　廃刊への「思い」（10～12面）

＊タウン情報　美術・写真（2面）
＊〃　展示、朝カル便り（3面）
＊走る　日原鍾乳洞・巨樹（6面）
＊多摩の野鳥　カワセミ（9面）
＊タウン情報　公演、風景印（15面）
＊立川で国際フラワーショー（16面）
＊タウン情報　講座講習、多摩検（18面）
＊故・天野滋さん、童話に登場（19面）

多摩歳彩

サクラの名所

樹種さまざまに美を競う

さまざまのこと思ひ出す桜かな

アサヒタウンズの最終号、そして多摩歳彩の最終回には、サクラの名所と芭蕉の句がぴったりだ。

江戸時代から有名な玉川上水沿いの「小金井桜」は排ガスやケヤキの繁茂の影響で樹勢が衰え、花見の場は隣接の小金井公園（写真1）に移った。ソメイヨシノやヤマザクラなど約50種、1700本の見頃は今月下旬から4月上旬。

広重の「名所江戸百景」に入っている井の頭公園（同2）も、池を縁取るソメイヨシノやヤマザクラなど約500本が今月下旬から4月初めに見頃を迎える。

全国各地の名木を接ぎ木して育成、遺伝子を保存している八王子市の多摩森林科学園（同3）は、サトザクラを中心に250種、1500本と多彩。見頃も2月中旬から5月までと長く、サトザクラの盛りは例年4月半ばだ。

町田市民の憩いの場・恩田川（同4＝日本写真家協会会員・宇納徹さん撮影）は、堤防沿いに400本のソメイヨシノが並木をつくり、見頃は今月下旬。

青梅市・梅岩寺のシダレザクラ（同5）は樹齢約150年のものなど2本。見頃の4月上旬、下から見上げると、まさに花の滝だ。

都立多磨霊園（同6）は128㌶の敷地に、シダレザクラやソメイヨシノなど1100本があり、今月下旬に見頃を迎える。

図らずも花の記事にて幕閉じぬ

（4面に「出かけてみませんか？　お花見特集」）

す。

域の図書館に引き取っていただきましたので、そのあたりのことをお話ししたいと思いま

アサヒタウンズを読んだことがない、という方のために実物を回覧していただいておりま
す。アサヒタウンズは二〇一〇年の三月二五日号で廃刊となりました。三七年五カ月間発行
いたしましたが、株式会社アサヒタウンズも六月三〇日をもって清算いたしまして、社員は
全員希望退職という形になりました。

アサヒタウンズは「朝日新聞の姉妹紙」というサブタイトルがついていますが、タブロイ
ド判一六ページが基本で、廃刊直前には毎週木曜日に朝日新聞朝刊に折り込んで、多摩全域
二六市四町村に約五〇万部発行しておりました。積んだところを見たことがないので五〇万
部という部数がどれくらいの量なのか想像がつかないのですが、日刊紙の東京新聞が公称五
六万部です。週刊誌では、全国週刊誌発行部数ランキングを見ますと、一位が週刊文春、二
位が週刊新潮、三位が週刊ポストで、それが四六万部なんです。それよりもたくさん出して
いたんだなぁ、と今回改めてびっくりしました。ただ、アサヒタウンズは朝日新聞に折り込
む形で半ば強制的にお届けしていましたので、全部の方が読んでくださったかどうかはわか

＊網かけが多摩地域

りませんが、五〇万は実部数です。

創刊したのは、高度成長期の最後、オイルショックの半年前の一九七二年一一月四日です。

当時の多摩地域はどんな様子だったかというと、一九七一年の三月から多摩ニュータウンの第一次入居が多摩市の諏訪と永山で始まっていました。創刊半年後の一九七三年四月には、JR武蔵野線の府中本町から新松戸までの開業が決まっていて、多摩地域の人口急増が計画としてはっきり見えていた時期でした。そこで多摩地域へ新しく入って来られる方たちになんとか朝日新聞をとってもらいたい、どうやって購読者を増やすか、ということを考えた時に誕生したのが、アサヒタウンズだったのです。当時は新聞の読者獲得競争が非常に熾烈で、その頃は高価だった電卓とか中華鍋、定番では洗剤などを競いあってオマケにつけていました。公正取引委員会からも問題視されていましたし、新聞社が押し売りのような形でしかもモノで釣って読者を獲得するというのは問題ではないかと朝日新聞社が考え始めて、モノ＝景品ではなくて新聞社らしいオマケをつけよう、本紙とは違ったテイストの地域密着型の新聞をオマケにつけることで長く読者として引き止めよう、ということで考えられたのが「アサヒタウンズ」だったのです。

当時の多摩地域の人口は約二六八万人でした。ちなみに現在の人口は四一〇万人です。全国一〇位の静岡県が三八〇万人ですから、それを三〇万人も上回っているのです。もし多摩地域が独立して「多摩県」になったとすると、全国一〇位くらいの人口ということになります。ひとつの県ほどの人口があるわけですが、普通「県」というと、「静岡新聞」とか「山梨日日新聞」など、県単位の新聞（県紙）があります。ところが多摩地域は、いろんな面で二三区の付属物のような形できているので、そういう県紙というものがないのです。創刊当時も多摩全域をカバーする新聞は出ていませんでした。結局、廃刊するまでそういうものは生まれませんでしたね。うちが唯一だったと自負しています。

サイズは創刊時から廃刊まで変わりませんでしたが、当初のページ数は一二ページでした。最初から多摩全域に配っていたのではなくて、国分寺市から西側のＪＲ中央線沿線と西多摩全域一三市六町村で、一二万部を毎週土曜日の朝日新聞に折り込んで配布していました。その後、主に販売店から「他の地域でもアサヒタウンズを配布したい」との声が上がって順次エリアを拡大していき、二〇〇四年に最後まで残っていた町田と狛江が加わり、二〇〇六年には多摩全域で計五〇万部の発行になりました。町田と狛江は、私鉄の小田急線を中心に町が発達していて、動線が少し違うことと、町田では「町田シティーニュース」というものを、朝日新聞の販売店で

出していたため進出しにくいといった事情がありまして、「町田と狛江を除く」という時期が長かったのです。

創刊当時、社員として採用されたのが記者七人、カメラマン一人、経理一人の合計九人です。このうち、私も含め卒業を控えた大学四年生が三人、主婦が三人で、九人全員が女性だったのです。記者が全員女性だったことは当時としては画期的なことで、創刊から廃刊まではぼ女性記者でつくってきました。三七年半の間には何人もの女性スタッフが入りましたが、この間男性記者は五人しかいません。当時**ウーマンリブ**という言葉がアメリカから入ってきて日本でもその運動が出てきた時期で、女性の社会進出ということがようやく言われ始めてきた時でした。最前線に立つスタッフに全員女性を採ったというと非常に画期的に聞こえますが、なぜそうなったかというと、まずひとつは読者対象を家庭の経済の実権を握っている主婦にしたからです。記事の内容も主婦向けでスタートした、というのが表向きの理由ですが、実際は、アサヒタウンズを創刊したもののいつまで続くかわからない、三号までということはないにしても三年もつかどうか、との心配もあったようで、経済的に困らない親がかりの大学生とつれあいのいる主婦が採用されたというのが実態です。

ウーマンリブ

一九六〇年代後半からアメリカ合衆国を中心に先進諸国で盛んになった女性解放運動。リブはliberationの略語。

初期のアサヒタウンズ

先ほどお話ししたように、紙面は当初主婦向けということで、地域別の商品価格比べ、例えばサンマが立川ではいくら、八王子ではいくらといった今から考えると信じられないような記事や美容記事。主婦の関心事である子どもの教育、例えば小学校の航空写真を一校ずつ撮影し、その写真を使って毎週小学校の紹介をする、などの記事を載せていました。あとはレストラン紹介とか、黒柳徹子さんなど著名人のエッセイなども掲載していました。

創刊当初から数年間使っていた絵のカットは、サトウサンペイさん、岡部冬彦さん、カッパの小島功さんなど、有名な方々ばかりで贅沢な紙面でした。社長、専務などの役員は朝日新聞社の社員で、定年間近の人や定年後のＯＢが来ていましたので、そういう人たちが考えた「主婦好みの企画」というのがそういうものだったのだろうと思います。人気があったのは、昔も今と変わらずいわゆる情報コーナーです。「暮らしの情報」とか「タウン情報」などのタイトルで、コンサート、講座、講演会、展覧会などいろいろなイベントの紹介記事でした。

一九七二年の創刊当時は、まだ立川の市民会館（アミューたちかわ）もできていませんでした。コンサートホールがあったのは八王子市民会館と三鷹市の公会堂くらいという時代でした。また画廊も、八王子と立川に数軒しかなかったのです。みんなが集まれるようなコミュニティセンターとか、市民会館のような場所がほとんどなくイベントも非常に少なかったので、イベント情報欄を埋めるのに大変苦労していました。

月一回の各市の広報が出てからでは遅いので、毎週分担して各市の広報課と社会教育課へ行って「ゲラを見せて下さい」と御用聞きのように回っていました。載せるものに困って献血のお知らせなども載せましたし、休日当番医というのも長らく載せていました。年末年始のゴミの収集日なども載せてみたりしましたね。廃刊に近づく頃には、情報があふれて毎号全部は載せきれずに四苦八苦していたことから考えると、夢のような（？）時代でした。

その頃から団地も次々にできて交通網も整備され、人口が増えるにつれて各地にホールとか図書館、画廊などもできていって、市民活動や市民運動が活発になってきました。立川の市民会館ができたのが一九七三年、昭島市民図書館ができたのも同じ年でした。次々にホール、美術館、博物館、図書館など、人々が集まって催し物を楽しむ建物ができていった時期と、私どもの部数が伸びていった時期とが、ちょうど重なっています。

当時は、「団地」が新しい時代のシンボルで、「団地に住むこと」がひとつの夢だった時代ですから、二三区から広い家を求めて多摩地域に移ってきた方たちが大勢いました。ところが、実際に引っ越してきたらインフラが全く整備されていなくて、それまで受けていた行政サービスが受けられないものですから、保育園の整備や都立高校の増設を求める運動などが盛んになりました。また、合成洗剤の健康被害とか食品添加物の身体への影響などがクローズアップされた時代だったということもあり、市民活動の活発化につれて、情報がたくさん寄せられるようになってきました。特に、アサヒタウンズの二代目社長が「有名人よりはごく普通に生きている人たちの生き方を紹介していこう」という方針を打ち出し、「朝日新聞本紙の多摩版を超える紙面を作ろう」との意気込みで、私たちにもハッパをかけ始めました。

多摩地域在住の記者による多摩地域の人たちのための多摩の情報紙

私たち自身も最初は素人で取材活動を始めたわけですが、だんだん取材にも慣れてきて、創刊後五年くらい経ってから〝多摩地域在住の記者による多摩地域の人たちのための多摩の情報紙〟というコンセプトを立てました。地域密着型を強く打ち出した多摩の情報紙、多摩の「県紙」としての紙面を、取材する側も強く意識するようになって、途中で紆余曲折はあったものの、私たち記者は廃刊までそういう意識で紙面をつくってきました。

週一回の発行なので、載せるまでにタイムラグが生じますから、事件や事故は取材しませんでしたが、それ以外は高校野球から選挙まで記事にしました。選挙予想はしませんが、当選した方へのインタビューは行いました。

六年目くらいから、多摩地域のことならなんでも取り扱うようになりました。そうなると読者からの掲載希望や取材依頼も急速に増加して、掲載しきれなくなってきました。アサヒタウンズに載ると思って集会を開いたのに、載らなかったから人が集まらなかった、というようなお叱りも頂戴するようになりました。無料掲載ということもあったのでしょうが、非常に掲載希望が多く、一九九八年から多摩地域の地域面を一ページだけ三つの地域（武蔵野版、多摩中央版、多摩南版）に版分けをして、なるべく多くの記事を載せるようにしました。

先ほどもお話ししたようにアサヒタウンズ社の役員、主要幹部は朝日新聞社の社員もしくはＯＢでしたので、取材方法、言葉や文字の使い方も朝日新聞のスタイルに沿ってきましたし、広告掲載基準なども朝日新聞に準じていました。創刊の翌年には**第三種郵便物**の認可も得まして、そうしますと広告は紙面の五割以下という基準を守らなくてはいけないのです。よく記事なのか広告なのかわからないようないわゆる記事広告がありますが、それもきちんと「広告」であることを明示しなければいけませんし、記事と広告が渾然一体の**フリーペーパー**とは一線を画したことで、読者から厚く信頼されてきたのかな、と自負してきました。

第三種郵便物

内国通常郵便物のひとつ。毎月一回以上発行される新聞・雑誌などの定期刊行物で、一定の基準で認可されたもの。文化の普及向上に貢献すると認められる刊行物の郵送料を安くして、その入手を容易にし、社会や文化の発展に資するという趣旨で設けられた制度。

フリーペーパー

駅頭や街中で無料で配布される情報紙誌。フリペとも呼ばれる。

さて、その情報をどうやって集めてきたかといいますと、最初は確かに御用聞きに行ったりもしましたが、そのうち読者の方からたくさんお手紙も来るようになり、また一度取材させてもらったところから紹介されたりということもありました。もちろん自分たちの足で歩いて、食べたり見たりする中で情報を集めたりもしましたが、実際に情報がなくて困ったことは、創刊一年後くらいからは全くありませんでした。

朝日新聞の補完紙ということで、本紙の朝日新聞の記事と重ならないように注意を払ってきましたが、実際、互いにそれぞれのネタ元を持っていて取材を続けてきましたので、バッティングすることはあまりありませんでした。「朝日新聞の支局との関係は？」とよく聞かれるのですが、実際にはほとんど交流はありませんでした。記者同士、お互い顔もわからず何を取材しているかも知らない状態でしたが、それでも自然に棲み分けをしてきたように思います。

アサヒタウンズを創刊した頃は、本紙の多摩版は事件とか事故だけでなく、地域で起きている社会的な問題、市政の問題なども今より多く扱っていました。アサヒタウンズでも道路建設でこんな問題が起きているとか、ゴミ問題などを記事にしましたが、本紙に比べてもう少しやわらかく、起きている問題に関して地域の人がこんな活動をしている、こんなサークルがあるということを紹介する、というような形で本紙と棲み分けをしてきました。ですが、次第に本紙多摩版の編集方針が変わってきたのかやわらかい記事が多くなって、社会的な問題などはあまり取り上げなくなってきたような気がします。ある時期から本紙多摩版とアサヒタウンズに掲載する内容が逆転したかのような気さえします。**圏央道の問題**だとか、学校のそばにサバイバルゲームの施設ができるだとか、住宅地の真ん中に墓地ができそうだといった身近に抱えている問題が、朝日新聞ではなくアサヒタウンズに載るようになり、市民運動の方たちにとって、アサヒタウンズなら書いてもらえるんじゃないかと、駆け込み寺のような場になっていたと言いますか、いろんな相談や取材依頼も寄せられるようになりました。

圏央道の問題

圏央道は、都心から半径およそ四〇～六〇キロの位置に計画された、環状自動車専用道路

（正式名称：首都圏中央連絡自動車道）。首都機能の再編成・産業活力の向上などを図る上で不可欠の基幹施設として、一九八四年に建設計画が発表された。しかし、東京部分では明治の森高尾国定公園、都立高尾陣馬自然公園に指定されている高尾山、国史跡の八王子城跡をトンネルで通過し、裏高尾に巨大なジャンクションを建設する計画のため、高尾山の貴重な自然と文化財や周辺の生活環境を破壊するおそれがあるとして、大きな反対運動が起こった。

思い出に残る記事

私自身のことについて言えば、大学四年の九月、「アサヒタウンズ　テスト版」制作の時からアルバイトの記者として取材にかかわってきました。卒業と同時に入社して、気がついたら最後まで残っていたわけで、社会人生活のほぼすべてを捧げてしまったことになりました。

アサヒタウンズの記者は常時六人から七人いて、それぞれ地域を分担していました。各記者が福祉関係とか自然関係とか特に分野を固定するのではなく、全員で分担して取り組む態勢をとっていました。得意な分野があれば短期連載を受け持つこともありましたが、長期連載の企画物は全員が順番に書く形で取材を続けてきました。私は住まいが武蔵野市だったので、中央線沿線の北側を中心に担当しました。

三七年半を振り返って、どのように企画を立て取材をしてきたかというと、「こういう素晴らしい仕事をしている人が多摩地域にいる、こんな素晴らしい場所がある」ことをぜひみなさんに知ってもらいたい、**日の出町のゴミ処分場問題**や圏央道をはじめとした道路建設ではこんなに理不尽なことが起きている、といったことをみなさんに伝えたいという思いで仕事をしてきました。

日の出町のゴミ処分場問題

一九八四年、多摩地域の二六市一町が加入する東京都三多摩地域廃棄物広域処分組合は、地域から発生するゴミの最終処分場として、西多摩郡日の出町谷戸沢に大規模な埋立地を設けた。一方、一九九〇年には環境汚染を懸念して「日の出の自然を守る会」が結成された。その後、この埋立地の底に敷かれている遮水シートから有害物質を含む汚水漏れ疑惑が発覚し、世論喚起の運動が活発になされた。

廃棄物の最終処分問題については、現在も引き続き様々な取り組みが行われている。

例えば、青梅の軍畑《いくさばた》に山﨑桃麿さんという染織家がいらっしゃいます。私がこの方を最初に取材したのは、一九七三年の五月でした。それまでこの方はほとんどマスコミに出ていなかったのです。「草木染」という言葉は今ではどこでもよく使われていますが、命名されたのは山﨑さんのお父様、山﨑斌《あきら》さんです。斌さんには息子さんがお二人いらして、おひとりは高崎で染色の仕事で草木染を広めていらっしゃって、もうひとりが桃麿さんです。最初は**川合玉堂**さん専属の画紙を漉く職人だったのですが、川合先生が亡くなった後、お父様のお仕事を継いで染織のお仕事をするようになりました。草木染、それも化学薬品を一切使わないやり方です。色を定着させる媒染も、鉄とかミョウバンなどを使って、万葉の時代から正倉院に収められている布と同じような方法で染めているのです。そういうすごい方が多摩地域にいることをぜひ知っていただきたかったのです（創刊二〇〇号記念号では、カラー二ページ立てで紹介）。

川合玉堂

日本画家。一八七三―一九五七。昭和一五（一九四〇）年、第二回文化勲章受賞。晩年は、奥多摩に住まう。没後、青梅市御岳に玉堂美術館が建設され、その作品・遺品等を展示している。

身にまとう衣服なのだから、そこに化学薬品を使っては肌によくない。染織つまり染めたり織ったりするのは、昔は農家の主婦たちが家族の健康を考えて行ったことであって、藍であればマムシや虫除けの効果が、ベニバナも虫除け効果で身を守るというように、家族の健康を考えることが本来の染織のあり方だとおっしゃっていました。今の化学薬品で染めた衣服は見た目はいいかもしれないけれども、家族の健康を考えたものではないという考え方を、私はみなさんに知ってもらいたいと思ったのです。ちょうどその頃は、合成洗剤や食品添加物の問題がクローズアップされてきた時代だったので、こういう方が多摩地域にいらっしゃることをぜひお知らせしたいと、ご紹介しました。桃麿さんはそれまでお弟子さんをとったことはなかったのですが、その後、記事を見てお弟子さんになりたいという人が増え、塾を開いて教えるようになり、草木染を広げる活動を熱心にされています。たぶん新聞記事に取り上げたのは私が最初だったと思います。

こんな素晴らしい仕事をしている人をぜひ知らせたい、こんなステキな場所があるのだから、ぜひ足を運んでほしい（それはレストランであったり、自然の景観であったりするわけですが）という思い、あるいは、私たちの周辺でこんな理不尽な問題が起きている、もっと関心を持とう、そんなことを伝えたい思いで取材してきました。

私の書いた記事を読んで、集会やコンサートに大勢の人が集まったとか、逆に自分が参加したらとても良かったとか、うれしかったという声を聞くのが励みになり、仕事をしていく上での支えにしてきました。情報の伝達手段を持たない一般の人が新聞に取り上げてもらうのは、なかなか大変なわけです。そういう人たちに登場してもらって光を当て、みなさんの前で訴える機会を作りたい。それから受け手側も情報がないわけですから、どこで何があるかを求めています。ですから私としては人と人を結ぶ「糊」の役割を果たすつもりで取材を続けてきました。

そうした中で、忘れられない仕事がいくつかあります。創刊二年目の五二号（一九七三年一一月三日号）から五年間、女性が「働く」ことをテーマに、二三六回の連載に記者全員で取り組みました。その時撮った写真を大きなパネルにして、立川市中央公民館を皮切りに、日野市立中央図書館、昭島市民図書館、東電八王子営業所内東電ミニギャラリーの四カ所で連続写真展を開催しました（一九七八年一一月二五日〜一九八〇年一月一八日）。

創刊当時、女性の社会進出が進んできてはいましたが、女性が働き続けるのは非常に難しいことだったのです。初の女性消防官（当時は婦人消防官の名称）が採用されたのが、一九七二年です。最初は現場に出るのではなく、主に広報の仕事をしていました。今日（二〇一〇年七月九日）の新聞に女性初の機長の記事が載っていましたが、当時ではとても考えられなかったことです。差別や偏見、結婚や子育てという壁にぶつかりながら働いていた多くの女性たちを取材できたことが、私自身の支えともなりました。その後、男女を問わず登場してもらった「暮らしのキーマン」という連載は『幸福なしごと』（山田優子著　自然食通信社　二〇〇一）という本になりましたが、この二つの企画は私自身の生き方にも影響を与えた思い出深い仕事です。

もうひとつは、海外でのロングステイの記事です。

一九九九年秋に「マレーシア高原のリゾート地、キャメロンハイランドでロングステイを楽しみませんか」という記事を掲載しました。清瀬市に住んでいる久保田豊さんという七〇歳くらいの男性がアサヒタウンズにお手紙をくださったのです。気候がとても温暖で常春の地でロングステイをしているが、日本人が誰もいなくて寂しい。高齢化社会といわれ、高

「働く」欄登場者の氏名と職種一覧

掲載日	見出し・職種等	お名前
1973. 11. 3	国立市　東京女子体育大学助手	石井美弥子
1973. 11. 10	八王子市　美ささ織工場	木之内明美
1973. 11. 17	立川市 交通指導員	青木和江
1973. 11. 24	八王子市 伊勢丹 資生堂　美容部員	飯田隆江
1973. 12. 1	府中市　東京競馬場 投票券発売係	三井年代
1973. 12. 8	東京都消費者センター立川支所 消費者コンサルタント	磯村浩子
1973. 12. 15	日野市東光寺 農家	和田菊代
1973. 12. 22	武蔵村山市 下田ミカン園	下田房子
1974. 1. 1	立川市 中島園芸	矢村恵子
1974. 1. 12	立川市立中砂保育園 保母	宮川ひろみ
1974. 1. 19	国分寺市本町 ホワイト餃子店	黒川美知子
1974. 1. 26	日野市立中央図書館 司書	中野訓枝
1974. 2. 2	八王子市武蔵青果市場	山本千代子
1974. 2. 9	日本特殊農薬製造株式会社農薬研究所 残留研究室員	藤本裕子
1974. 2. 16	日立製作所武蔵工場　ＩＣ工務課	岡本真理子
1974. 2. 23	青梅線沢井駅 ホーム学童擁護員	福島弘子
1974. 3. 2	東京都民銀行多摩支店 行員	小島きよみ
1974. 3. 9	小平市 双子のバレエ教師	伊藤嘉子、伊藤保子
1974. 3. 16	株式会社「東京かじの」営業部員	斉田恵美子
1974. 3. 23	大妻女子大　平井信義研究室 心理判定員	古賀才子
1974. 3. 30	竜の子プロダクション 制作部	多田喜久子　井上恒子
1974. 4. 6	福生珠算学校熊川分校 先生	野島美佐江
1974. 4. 13	村山大島紬を織る姉妹	比留間千代子　比留間美智子
1974. 4. 20	立川市　諏訪神社 巫女	妹尾和子　関根聖美
1974. 4. 27	新制作座 劇団員	生田目玲子　柴田恵津子
1974. 5. 4	八王子大丸 エレクトーン奏者	沖栄美子
1974. 5. 11	養護教諭代替要員	佐藤明子
1974. 5. 18	東大和市　木下園製茶	木下妙子
1974. 5. 25	八王子市　高尾楽焼	四宮公子
1974. 6. 1	青梅市郷土博物館 主事兼学芸員	大河内啓子
1974. 6. 8	相模湖ピクニックランド 営業部員	平川幸子
1974. 6. 15	昭島市　ちびっ子絵画教室	三井静江
1974. 6. 22	ＧＭＧ八王子ゴルフ場 キャディ	逆瀬川鈴子
1974. 6. 29	日野市　工芸ペラ・モント工房 社員	川口康子
1974. 7. 6	武蔵村山市　日産自動車村山工場 日産村山バトントワラーズ	高橋糸子
1974. 7. 13	昭島市　岡部燃料店	岡部鏡子
1974. 7. 20	東大和市　ニシカワ製帽所 重役	西河佳世子
1974. 7. 27	御岳山　宿坊・山楽荘	片柳紘子
1974. 8. 3	立川市　立川放送事業社 社員	江本志満子
1974. 8. 10	昭島市　体育指導委員	依田敬子
1974. 8. 17	東大和市　カブスカウト デンマザー	水上幾世
1974. 8. 31	日野市　警察犬訓練士 見習生	鈴木さわ子
1974. 9. 7	伊勢丹立川店 お買物相談担当マネジャー	伊藤照子
1974. 9. 14	日野市 老人家庭奉仕員	小林静子
1974. 9. 21	小平市　西窪果樹園	西窪美智代
1974. 9. 28	八王子大丸 顧客係	大矢陽子
1974. 10. 5	小平市　日立自動車教習所 教官	小高恵美子
1974. 10. 12	小平市　諸国　民芸ひろや	加藤秀子
1974. 10. 19	丹波山村　民宿「あずま」	岡部英美子
1974. 10. 26	国立予防衛生研究所村山分室 麻疹ウィルス研究員	斎藤早久良
1974. 11. 2	国分寺　カシオ楽器音楽センター バイオリン教師	宮原由美子
1974. 11. 9	八王子　全国名産漬物店「丸味屋」	安田千里　倉畑よしみ
1974. 11. 16	立川のレストラン「ダンケ」[歌手]	森脇康江
1974. 11. 23	立川消防署 婦人消防官	中村容子
1974. 11. 30	国立市　国立スポーツクラブ 体操教師	名取志緒美
1974. 12. 7	昭島市　笹沼製作所 [歯車製作]	笹沼賀代子
1974. 12. 14	日の出町「菊水」	宮田チエ子
1974. 12. 21	立川市　羽衣湯	三浦モト
1975. 1. 11	檜原郵便局 電話交換手	高取ナナ子
1975. 1. 18	国立市 女流マンガ家	泉みのり

掲載日	見　出　し・職　種　等	お　名　前
1975. 1. 25	青梅市東青梅 酒まんじゅうの店「松乃屋」の四女	原島里味
1975. 2. 1	秋川市立若草児童館 児童厚生員	岸野布自美
1975. 2. 8	三多摩市民生活協同組合マーケット鷹の台店 店長代理	松本初枝
1975. 2. 15	シンガーソングライター	荒井由美
1975. 2. 22	パーティーコンパニオン	森田恵子
1975. 3. 1	青梅六小・御岳分校 教諭	志村秀子
1975. 3. 8	日野市 2級和裁技能士	滝口キヨ子
1975. 3. 15	立川市役所市民相談課 広報係	中村典子
1975. 3. 29	国分寺セントラルゴルフ 専属教師	塩川ハナ
1975. 4. 5	肢体不自由児施設緑成会整育園 訓練補助	中原優子
1975. 4. 12	朝日旅行立川支店 トラベル・コンパニオン	渡辺喜久江
1975. 4. 19	都立多摩スポーツ会館 トレーニングルーム専属トレーナー	近藤明美
1975. 4. 26	日野市佐山染色工房 染色工芸家	伊藤美智江
1975. 5. 3	八王子市　印刷・清水工房の奥さん	清水文美子
1975. 5. 17	日野市議会事務局 書記	安原清美
1975. 5. 24	エリザベス女王ご来日の際警視庁表敬部隊の指揮をした立川署交通執行第2係長	宍戸英子
1975. 5. 31	立川市 彫刻家	松井鮎子
1975. 6. 7	くにたちスイムスクール 赤ちゃんクラス・コーチ	林夕美子
1975. 6. 14	国立楽器嘱託 ピアノ調律師	清水光子
1975. 6. 21	日野市　熊井動物病院 専属トリマー	高橋まり子
1975. 6. 28	八王子フェンシング協会 指導員	中橋美佐子
1975. 7. 5	国立市 モディスト	関　民
1975. 7. 12	多摩ニュータウン ナショナルショールーム・パナレディ	秋山敏子
1975. 7. 19	国立市　滝乃川学園 指導員	松本武美
1975. 7. 26	八王子市真野暎子美容室 美粧主任	佐藤静子
1975. 8. 2	秋川市産業課商工係	嶋田浩子
1975. 8. 9	羽村町寿観光株式会社 ハイヤー運転手	神戸照代
1975. 8. 23	日野市　小谷歯科医院 歯科医	小谷仲子
1975. 8. 30	小平市 新聞配達	深田清子
1975. 9. 6	八王子市「手作り小屋」経営	河村ミミ　河村ケイ
1975. 9. 13	八王子市めじろ台 トラベルデザイナー	おそどまさこ
1975. 9. 20	東京都西多摩農業改良普及所 生活改良普及員	下田恵美子
1975. 9. 27	小平市 書家	太田民子
1975. 10. 4	日野市 絵本作家	いまきみち
1975. 10. 11	福生市 電気工事士	久保田洋子
1975. 10. 18	八王子市立中野北小学校 給食調理員	吉田利子
1975. 10. 25	小平市　柳　育種花園	浅井由美子
1975. 11. 1	秋川市雨間 農業	平野美佐子
1975. 11. 8	小平市 手話通訳	井口邦子
1975. 11. 15	青梅市　丸梅花店	飯島かおる
1975. 11. 22	立川病院中央検査部 臨床検査技師	根本弘子
1975. 11. 29	小金井市シャトーベーカリー	中　弘子
1975. 12. 6	立川市 助産婦	発田ミサヲ
1975. 12. 13	八王子市　コーヒー店「ねずみのこと」	大野千早
1975. 12. 20	檜原村　井上こんにゃく店	井上静賀
1976. 1. 17	秋川市　ＳＯＳモデルエージェンシー所属 モデル	田辺薫
1976. 1. 24	青梅警察署　日原駐在所	今川富美江
1976. 1. 31	立川市　飯田製図事務所 地図製図士	飯田陽子
1976. 2. 7	秋川市　東京サマーランド 日本スケート連盟準指導員	神辺真知子
1976. 2. 14	国分寺市　ハギレ屋　堀越商店	堀越英美子
1976. 2. 21	立川保健所 歯科衛生士	藤田玲子
1976. 2. 28	都教育庁社会教育部文化課埋蔵文化財係 学芸員	雪田隆子
1976. 3. 6	八王子市　石焼きイモ屋さん	若田一江
1976. 3. 13	昭島市　小料理店「里江」女主人	高橋里江
1976. 3. 20	立川市 日本舞踊藤間流名取	藤間喜久良
1976. 3. 27	小平警察署刑事防犯課盗犯捜査係 刑事	小林和江
1976. 4. 3	東大和市　アクセサリー店「白雪姫」女主人	高橋悦子
1976. 4. 10	小平市　劇団創芸 制作デスク	磯野富子
1976. 4. 17	瑞穂町 近郊酪農に取り組む若い妻	古宮瑞枝
1976. 4. 24	立川市　中央車販株式会社 車内販売員	高木ちか子

掲載日	見　出　し・職　種　等	お　名　前
1976. 5. 1	多摩市　多摩テレビ5チャンネル ママさんレポーター	山本和子
1976. 5. 8	小平市 プロ棋士　日本棋院4段	小川誠子
1976. 5. 15	国立市　フォーク・シンガー	横井久美子
1976. 5. 22	小平市　チンドン屋「小松屋」	秋池ハマ子
1976. 5. 29	国立市　国立会話学院 英会話教師	イニッド・フィンチ
1976. 6. 5	西東京バス青梅営業所氷川支所 車掌	宇佐美美代子
1976. 6. 12	武蔵野市　吉祥寺　結城人形座 人形使い手	結城千恵
1976. 6. 19	多摩市 TV・映画スクリプター	堀北昌子
1976. 6. 26	西多摩郡羽村町　陶芸店「籠里久」女主人	柴田鈴子
1976. 7. 3	八王子市 「わんぱく村」遊びの指導員	伊勢崎　栄
1976. 7. 10	武蔵村山市　麻生陸送株式会社 陸送員	清水久美子
1976. 7. 17	東村山市 手打ちうどんを作る	市川スミ
1976. 7. 24	立川市　東京都農業試験場 研究員	服田春子
1976. 7. 31	国分寺市　豆腐店「北海屋」	大坂美幸
1976. 8. 7	秋川市　細谷火工 花火作り	清水千代子
1976. 8. 21	日野市　ふたば学童クラブ 指導員	宇田川喜久子
1976. 8. 28	立川市　ラーメン店「宝来」	木村美紀子
1976. 9. 4	日野市　はたを織る	田中由紀子
1976. 9. 11	国立市　保科理容所 主任	松田勝子
1976. 9. 18	日野市立総合病院 看護婦	池上和子
1976. 9. 25	ミス八王子　八王子市婦人センター保母	小林泰子
1976. 10. 2	多摩市少年少女合唱団 指揮者	佐藤聡子
1976. 10. 9	東京相互銀行砂川支店 渉外係	角谷枝代子
1976. 10. 16	国分寺市 木彫りをする	武田光子
1976. 10. 23	八王子市 きものコンサルタント	佐藤美壬子
1976. 10. 30	立川市　幸寿司 奥さん	渡辺正子
1976. 11. 13	国分寺　屋台「モンゴル・ハウス」水曜日のチーフ	大川雅子
1976. 11. 20	日野市　八坂剣友会 指導員　剣道4段	土淵真佐子
1976. 11. 27	国分寺市　富士本音楽教室 ビクトロン教師	小林順子
1976. 12. 4	“シャトー小金井”内の手作りの店　THE　HAND ドレス担当	赤坂寿々江
1976. 12. 11	大多摩観光連盟　新宿駅案内職員	鈴木香
1976. 12. 18	東京都五日市保健所 保健婦	中村千代
1977. 1. 15	小平市　ことし成人の勤労学生	佐々木南子
1977. 1. 22	多摩市　やまと保育園 栄養士	渡辺稔子
1977. 1. 29	日野市 作家	北泉優子
1977. 2. 5	立川市　国立立川病院めまいセンター 医学博士	香取早苗
1977. 2. 12	八王子市 ニットデザイナー	小瀬千枝
1977. 2. 19	八王子市 バレリーナ	川口ゆり子
1977. 2. 26	長野県ヤナバ国際スキー場 スキーコーチ	新保多恵子
1977. 3. 5	国立市 童話作家	舟崎靖子
1977. 3. 12	小平市 フリーアナウンサー	岩崎直子
1977. 3. 19	西多摩郡瑞穂町仁友病院 薬剤師	掛川悦子
1977. 3. 26	多摩市 市会議員	沢目のぶ子
1977. 4. 2	日野市 女流画家	ホリコシキネコ
1977. 4. 9	青梅市　内野染色工場	内野ヒサ江
1977. 4. 16	府中市　子供服リフォーム研究所	古川敏子
1977. 4. 23	国立市　折り紙を指導する	川島操緒
1977. 4. 30	立川市　立川グリーンテニスクラブ コーチ	柴原トク代
1977. 5. 7	立川歯科補綴研究所 歯科技工士	押見匡子
1977. 5. 14	日野市　高幡教会 牧師	徳田美智子
1977. 5. 21	東大和市　喫茶レストラン経営	小野栄子
1977. 5. 28	多摩市　将棋女流名人（四段）	蛸島彰子
1977. 6. 4	立川市　立川スターレーン プロボウラー	渋谷豊子
1977. 6. 11	立川市　皮革工芸家	小林伸子
1977. 6. 18	青梅市　山岸会青梅実顕地でニワトリを飼う	野尻郁子
1977. 6. 25	多摩市　陶芸家	辻　協
1977. 7. 2	立川市　立川消費生活協同組合理事	丸山陽子
1977. 7. 9	青梅市　特別養護老人ホーム「富士見園」寮母	高野すみい
1977. 7. 16	トヨタ自動車販売　トヨタプリティ（秋川市在住）	柴田由美子
1977. 7. 23	多摩市　タレント	高山佳子

掲載日	見　出　し・職　種　等	お　名　前
1977. 7. 30	多摩市　多摩郵便局団地配達員	宮平久江
1977. 8. 6	八王子市　GMG八王子ゴルフ場所属女子プロゴルファー	長谷恵美子
1977. 8. 20	小平市　ラジオ体操指導者	乙川政子　乙川恵
1977. 8. 27	日野市　ファッションデザイナー	是洞雅美
1977. 9. 3	西多摩郡五日市町でブドウを作る	萩原タケ
1977. 9. 10	府中市　創作人形の作家	天野可淡
1977. 9. 17	多摩市　市立和田中学校教頭	山上寿子
1977. 9. 24	八王子市　むぎめし茶屋経営	銀座亜紀枝
1977. 10. 1	多摩市　グリナード永山で子供ショーの司会をする	宇野左右子
1977. 10. 15	青梅市　日立青梅電子工業所　パート勤務	小宮山サモン
1977. 10. 22	小金井市　料理研究家	祐成陽子
1977. 10. 29	国鉄吉祥寺駅旅行センター　渉外係主任	久保田則子
1977. 11. 12	八王子市　七宝作家	小川秀子
1977. 11. 19	八王子市に住む　株式会社ジューキ・東京支店　社員	石川好子
1977. 11. 26	小平市　日本紀行文学会	山本亮子
1977. 12. 3	立川市　税理士	下路孝子
1977. 12. 10	小平市　ヨガ健康体操講師	東千代
1977. 12. 17	日野市　児童文学作家	吉田比砂子
1977. 12. 24	国分寺市　パッチワークキルトを制作する	貝塚暎子
1978. 2. 4	福生市　ひこばえ幼稚園　園長	大堀容子
1978. 2. 11	多摩市　全日空スチュワーデス	針ヶ谷ゆり
1978. 2. 18	伊勢丹立川店　ディスプレイを受け持つ	柴田美矢子
1978. 2. 25	陸上自衛隊東部方面航空隊　本部広報班　二等陸尉	飴谷昌子
1978. 3. 4	国際電信電話株式会社　東京国際電話局　運用課長	関　治子
1978. 3. 11	板橋区立こども動物園　飼育係（小平市在住）	坂井志津子
1978. 3. 18	青梅市　吉川英治記念館で働く	野村和子　高橋恵子
1978. 3. 25	八王子市　パスタ専門店「トッポ・ジージョ」	敦子・マスヤーニ
1978. 4. 1	国分寺市　手作り絵本を広める	武藤順子
1978. 4. 8	日野市　あんま・マッサージ師	石橋とり
1978. 4. 15	檜原村造形教室を主宰する	鴻池麻佐江
1978. 4. 22	国立競技場婦人体操教室指導員で立川市の体育指導員もしている	高倉早苗
1978. 4. 29	小平市　社会福祉法人ときわ会「あさやけ作業所」　職員	佐藤真由美　松浦公子
1978. 5. 6	相模湖ピクニックランド　レクリエーション・リーダー	柴田千明
1978. 5. 13	立川市　５人の子供に囲まれてがんばる	桑原みよ子
1978. 5. 20	福生市　フリーライター	桜井陽子
1978. 5. 27	三鷹市　舞台衣装デザイナーをめざす	川本あつみ
1978. 6. 3	青梅市　夜具地を織る機屋の奥さん	青木テル
1978. 6. 10	八王子市　加藤めんよう牧場の奥さん	加藤幸子
1978. 6. 17	八王子市　弁護士	波多野曜子
1978. 6. 24	聖蹟桜ヶ丘駅前で興行中の関根サーカスショー　スター	渋谷さつき
1978. 7. 1	メークアップスタジオ・ビアンコ　マネジャー（立川市在住）	たなか涼子
1978. 7. 8	奥多摩町　ワサビをつくる	金子千鶴子
1978. 7. 15	サイマル・インターナショナル　会議通訳者（三鷹市在住）	近藤千恵
1978. 7. 22	昭島市にある都の多摩川上流処理場　水質係長	星加昭代
1978. 7. 29	東大和市　鎌倉彫石原流助教授	荒久美子
1978. 8. 5	府中市　内藤提灯店　主人	内藤道子
1978. 8. 19	多摩市役所　広報係長	加藤由紀子
1978. 8. 26	羽田空港で搭乗者のチェックをする　ガードウーマン	渡辺美奈子
1978. 9. 2	国立市でミニコミ紙「くにたち・なう」を編集する	福永京子
1978. 9. 9	八王子市　第３回新人染織展奨励賞を受けた	常陸敦子
1978. 9. 23	小平市　東京都薬用植物園で栽培管理する	鈴木幸子
1978. 9. 30	福生市　アニメーションライター	さわさなえ
1978. 10. 7	都立府中病院　医療相談室員	川村佐和子
1978. 10. 14	日野市　東京都交響楽団・第１バイオリン	合屋多満江
1978. 10. 21	青梅市　みどりのおばさん	原田トヨ子　明珍静美
1978. 10. 28	日野市　一級建築士	川崎衿子

齢者向けというと介護やお墓の話ばかりだが、ほとんどの老人は健康なんだという内容で、「そうか、そういう方たちにこの話題が届けば」と紹介したところ、その久保田さんのお宅に一週間で一五〇〇通ものFAXが届いて大変だったそうです。こちらも反響の大きさにびっくりするほどでした。紹介したのは九月だったのですが、翌年の一月には立川のJTBがツアーを組むまでになりました。今や中高年の海外ロングステイは目新しくも何ともないのですが、実はこの記事がきっかけだったのです。アサヒタウンズは販売しているわけではありませんので、どれだけ読まれているのか実感がなかったのですが、こんなに読んでくれているんだと驚きもしましたし、ひとつの社会現象を起こせたという、密かな満足感も味わいました。

多摩の魅力

ずっとこういう仕事をしていると、よく「多摩ってどんな地域ですか」とか「多摩の魅力はどんなところですか」と聞かれますが、「多摩の魅力は多様性、多面性」と答えています。全国の都道府県の中で一〇番目に匹敵する人口の多さですが、面積は全国で下から三番目の東京都の半分強です。そういう狭い面積の中に高尾山や奥多摩のような自然あふれる山岳地帯もありますし、丘陵を大造成してつくった多摩ニュータウンのような新興都市、人工都市のモデルのようなところもあります。八王子市、三鷹市、小平市などには農業地帯もあります。三鷹市のように二三区に近いところでも農業に熱心な人が多く、農地も広く野菜の種類も豊富です。中央線の沿線には戸建て住宅がどこまでも続き、吉祥寺のような商業地域やショッピングタウンもあり、変化に富んだ景観といろんなパターンの生活の営みを短時間の移動で見ることができます。八王子市高月町には都内で一番広い水田地帯があって、春には青々とした田んぼが広がり秋には稲穂が揺れ、無農薬アイガモ農法に取り組んでいる方もいます。あきる野市には都内唯一の肉牛専門の牧場があります。また、**都内には一一カ所の酒蔵**がありますが、そのうち一〇カ所が多摩地域にあります。それだけ水がいいということですね。五日市町《いつかいち》（現在は、秋川市と合併してあきる野市）の養沢《ようざわ》、檜原村の数馬《かずま》には合掌造りのような萱葺き農家があり、東久留米市の柳窪《やなぎくぼ》旧前沢地区をはじめ旧北多摩地域の五日市街道や東京街道沿いでは、江戸時代の農家の名残りであるケヤキの屋敷林が残っています。**新田義貞**にちなんだ史跡も各地に残っています。

去年、青梅線の宮ノ平駅の近く、住宅もたくさんあるところでカモシカに出会いました。私も向こうもすごく驚いて、両方で後ろに飛び退いてしまったことがあったのですが、図鑑で見るような野生動物との遭遇が簡単に起こる地域というのは、全国でもあまりないのではないでしょうか。

都内一一カ所の酒蔵

小山酒造株式会社	北区岩淵町二六―一〇
小澤酒造株式会社	青梅市沢井二―七七〇
石川酒造株式会社	福生市熊川一
田村酒造場	福生市福生六二六
野﨑酒造株式会社	あきる野市戸倉六三
中村酒造場	あきる野市牛沼六三
有限会社小澤酒造場	八王子市八木町二―一五
有限会社中島酒造場	八王子市下恩方七二五（二〇一二年一月現在休蔵）
豊島屋酒造株式会社	東村山市久米川町三―一四―一〇

合名会社野口酒造店　府中市宮西町四―二―一
土屋酒造株式会社　狛江市（二〇一二年一月現在休蔵）

新田義貞

南北朝期の武将。一三三三年五月、分倍河原（現、府中市内。鎌倉街道と多摩川が交わる交通の要衝）の合戦で幕府軍を倒し、鎌倉幕府滅亡に功績をあげる。分倍河原駅南口広場には、鎌倉方に目を向けて馬上で太刀を振りかざす新田義貞の像がある。

今日、『走る歩く@たま』（アサヒタウンズ　二〇一〇年三月刊）をお配りしましたが、これは二〇〇九年一月から二〇一〇年三月のアサヒタウンズ廃刊まで、毎週私が歩いて連載した記事から、二〇一〇年二月末までの五五回分を一冊にまとめたものです。三七年半取材した多摩地域を三五〇キロくらい、もう一度歩きなおすことになり、多摩の魅力を再認識して感慨深いものがありました。

たとえば多摩ニュータウンですが、赤土だらけで丸裸だった丘陵が、（もちろん以前の植生とは全然違うのですけれど）造成後に植えた緑がすっかり根付いて緑深い地域になっていました。昔の多摩丘陵を愛していた方たちは悔しい思いをなさっているとは思いますが、自然の再生力のようなものを感じました。

川を辿るコースが多かったのは、紙面に複雑な地図を載せられない事情もあって、川からつかず離れずの道は紹介しやすかったからです。

多摩地域には源流が多くあります。多摩川の源流は山梨県の笠取山にありますが、一旦、奥多摩湖に水が集められて多摩川が始まります。支流の秋川や浅川、野川、人工の玉川上水や野火止用水、荒川水系の黒目川など全部が多摩地域から始まっています。多摩川は、最初は小さな流れがどんどん太くなって東京湾に注ぐわけですが、川が大きくなるにつれて景色が変わってくるのです。稲城市を流れる多摩川の支流のひとつ、三沢川の源流はお隣神奈川県の川崎市ですが、すぐに東京都稲城市に入ります。最初は里山の風景が広がり、白壁の土蔵がある農家などが点在していたのが川幅が広くなるにつれてだんだん一戸建ての住宅が続く住宅地になり、最後は川崎市に入ってビルのいっぱいある商業地域に変わっていきます。川の一生を見るようで、楽しかったです。

多摩地域は二三区の付属物のように言われたりしますが、実は、物事は多摩から始まっている。そういうところを見ることができました。

活発な市民活動を支える図書館、公民館

多摩地域では、市民活動が活発で市民が元気なことを取材を始めて感じました。三七年前の多摩地域はインフラが整っていなくて、無い無い尽くしでした。図書館はない、高校はない、保育園はあってもゼロ歳児保育はやっていない、中学校給食もないというように、二三区から引っ越してきた人たちには「えっ！　なにこれ！」という驚きの連続でした。多摩地域を終の棲家と決め、子どもたちのふるさとにしたいと思って越してこられた方々は、「自分たちの手で変えていくしかない」ということで市民活動が盛んになったのではないかと思います。今、団塊の世代といわれる人たちが当時は三〇代で元気もよかったし、学生運動の経験がある人もたくさんいました。上水道や都市ガスの整備、ゼロ歳児保育、学童保育、都立高校の増設などを要求し、あるいは安全な食品を求めて共同購入を始めるなどの形で市民運動を起こしていくわけです。区部と違う**三多摩格差**に、驚いたり怒ったりしながら活動していました。新しく自分たちの故郷となる多摩地域を良くしていきたいという地域への愛情が人々を突き動かしていたというのでしょうか、みなさんとても若々しく元気でした。

三多摩格差

同じ東京都民でありながら、二三区と市町村では、ゆりかごから墓場までの至るところで享受できる行政サービスの水準に大きな差があったため、このように言われている。

そういう活動を支えてきたのが図書館、公民館だったと思います。

私が育った武蔵野市には公民館がなかったので初めはイメージがつかめなかったのですが、多摩地域の公民館活動は全国から一目《いちもく》おかれる存在で、全国で初めて公民館保育室や障がい者が働く喫茶室がつくられたのも、国立市のくにたち公民館でした。国立市や立川市の公民館を取材して、社会教育活動が活発になされていることに非常に驚き、刺激を受けました。活発な公民館活動の中で育った市民が、元気に活動し仲間に出会える。そういうところが三多摩の特徴なのではないかと思いました。

武蔵野市には古い図書館があっただけで、図書館未整備地域といってもいいくらいでした。そのため、私は図書館利用体験がほとんどなく、どういうものかよくわからずに図書館の取材を始めたのですが、一九七三年に最初に取材へ行ったのが昭島市民図書館でした。館内は明るく資料は開架で、書架も低くて館内が見渡せて、おしゃべりしても叱られない。

「これが新しい図書館なのか！」と、本当に目からウロコ、びっくりしました。当時の矢野有館長さんから、絵本の素晴らしさをこんこんと説かれたことを思い出します。

その後、一九七〇年代から八〇年代にかけて、多摩地域では次々に図書館ができました。図書館というのはこれだけ市民に身近で、これだけのサービスを受けられるという素晴らしさを、ことに図書館体験のない人、あるいは旧態依然の図書館しか知らない地域の人たちにぜひ伝えたい、伝えることでこういう図書館が欲しいという声が上がれば、今図書館のない地域にも図書館ができるんじゃないかという思いでしばらく取材を続け、多摩の図書館に関する連載を書きました。（「多摩再発見　みんなの図書館①～⑳」一九八五年一月一二日～六月八日）

多摩地域の新しい図書館では何が行われているか、どんなサービスが受けられるのか、私自身〝**レファレンス**〟という言葉も知らず、「何かを尋ねたら、調べて教えてくれる」なんて思いもしなかったので、そういうことを知らせたいと思ったのです。障がいをお持ちの方には、ご自宅に資料を届けたり**対面朗読**をしたりするんですね。新聞の折込広告を含む**地域資料**の収集などにもびっくりして、多摩地域の人たちに図書館を利用する素晴らしさをぜひ知ってもらいたいと思いながら連載をしました。

多摩再発見
みんなの図書館　見出し一覧

① ぷろろーぐ
蔵書、利用は全国上位　根付く開かれた図書館
② 柱
サービス精神を徹底
③ 新読書人
子供に探究心を
④ 障害者
対面朗読のサービス
⑤ 連係
注文すれば９割OK
⑥ 選書
各館独自の判断
⑦ レファレンス
無料で文献調査のサービス
⑧ 郷土資料　上
新聞のチラシを収集
⑨ 郷土資料　中
古文書整理。貸出も
⑩ 郷土資料　下
情報の核、郷土資料研
⑪ 情報公開
関心集まる行政資料
⑫ 利用者本位
都内一の貸し出し数
⑬ 夜間開館
駅前ビルのド真中
⑭ 市民運動①
利用者の声を生かす
⑮ 市民運動②
“協議会”がほしい
⑯ 市民運動③
走れ「むらさき号」
⑰ 市民運動④
西多摩にもっと本を
⑱ 新構想　上
どう対応、都立館
⑲ 新構想　下
相互協力に重点を
⑳ 連載の終わりに
利用法のPRを

当時からみると、今は図書館が生活の中に深く浸透していると感じます。私の八〇過ぎの母もよく図書館で本を借りていますし、息子のお嫁さんは一歳にならない孫を図書館に連れて行って、絵本コーナーで遊ばせたり本を読んだりしています。みんなが図書館を利用することが生活の一場面になっていて、当たり前に図書館を使える時代がきたなと、これは本当に図書館員の方々の努力のおかげだと感慨深いものがあります。

先日池袋のジュンク堂へ行って、「まるで図書館のよう」と感じました。本屋さんが図書館を真似するような時代になったようで、図書館の力がここにも及んでいると感じました。

レファレンス

図書館を利用する人が、学習・調査等のために必要な資料や情報を求めた場合に、図書館員が図書館の機能と資料を活用して、資料検索を援助したり、資料を提供したりして、利用者と資料を結びつける業務。調べものや探しものを図書館員が手伝うこと。

対面朗読

視覚などに障がいを持ち、印刷物を自力で読むことが困難な人に対して、要望に応じて資料を読んだり、代筆したりする図書館サービス。

地域資料

特定の地域で、その地域に関することについて記述・録音・映写された資料。郷土資料、地方行政資料を包含した呼び方。「図書館法」第三条で収集に留意するよう求めている資料の一部。

廃刊へ

さて、私たちが廃刊の動きを知ったのは二〇〇九年の一一月頃で、まさに晴天の霹靂でした。当初は、廃刊ではなくスタイルを変えるかもしれないというようなことだったのですが、一二月には廃刊決定。一月には社員の再就職斡旋が始まり、アレヨアレヨという間に事態が進み、三月二五日を迎えてしまいました。

アサヒタウンズは、朝日新聞社とＡＳＡ（朝日新聞サービスアンカー＝朝日新聞販売店）の補助、広告の売り上げ、アサヒタウンズ紙制作以外の仕事の収入などで経営していましたので、その補助金が打ち切られたことが廃刊の引き金になりました。朝日新聞そのものが部数減や広告収入の減少などで経営を見直さざるを得ない状況で、この補助金がいわゆる「仕分け」されてしまったのです。ただ、補助金を打ち切ることは昨日今日に始まった話ではなく、二年前から通告されていたことです。この二年間で、支出の見直しをするとか、補助金に匹敵するくらいの新しい収入の道を探るなどの策をほとんどとってこなかったのです。ＡＳＡの補助金も打ち切りが決まりました。「廃刊するかもしれない」から「廃刊決定」までが非常に短くて、対策を考える時間的余裕もありませんでした。初めに「廃刊ありき」だったのではないかと思います。三七年半も多摩地域で新聞を出し続けてきたことに対する責任感のなさに怒りを感じています。

ただ「新聞を出していた」だけではなく、多摩地域の人たちにとっては貴重な情報源であり、文化の発展にも役立っていたはずだし、活発な市民活動を支えてもきました。前にも述べたように、情報の伝達手段を持たない人たちにとっては唯一のよりどころだったわけで、長いこと情報を提供してきた会社としてその地域に対する責任があると思います。それを一方的に断ち切るのは無責任ではないかと訴えましたが、押し切られてしまいました。

アサヒタウンズの多摩地域における役割や責任について、実は朝日新聞社が一番わかっていなかったのではないか、そのことを最後の何カ月間かにヒシヒシと感じました。どれだけ多摩地域で活用されていたかとか、みんなにとってなくてはならぬものだったかということを、わかっていなかったのではないかと思います。

記者はみんな多摩地域に住んでいて、ずっと地べたを這うように取材してきました。多摩地域の人たちと顔見知りになって、人と人とのつながりをつくり、何か新しいことをつくり上げていこうとしてきましたが、アサヒタウンズの上層部の方たちは多摩地域に住んでいない人が多かったのです。新聞づくりは楽しいですから、退職後の第二の職場として個人的な楽しみで来る人もいます。社長が代わる度に題字のデザインが変わったり色が変わったりしましたし、編集方針が変わったこともあります。記者はずっと「多摩地域の記者が多摩地域の人たちのためにつくる多摩の情報紙」だと思ってつくっていましたが、社長の中には「多摩は嫌いだ」と公言する人もいて、多摩色をなくそうという方針の社長と記者が対立したこともありました。

二〇〇五年一二月までのアサヒタウンズを見ていただくとわかりますが、一面は都立多摩図書館の蔵書の大量廃棄の問題とか、井の頭公園のホームレス問題とか、とにかく毎週いろんな問題や話題を取り上げていました。二〇〇六年以降は「多摩の里」とか「多摩の百景」など企画物が載り、単発の記事は載せられませんでした。そういう企画も悪いわけではありませんが、日々起きていること、伝えたいことを記事にできなかった思いがあります。アサヒタウンズの上層部の中には多摩がどんな地域であるか知ろうともしない、アサヒタウンズがどれだけ頼りにされていたかをわかろうとしない人もいました。そのあたりが、簡単に廃刊につながったんだろうなあと思っています。

読売新聞のある記者がアサヒタウンズを買ってくれていて、「地域の取材ではタウンズに負ける」とおっしゃってくださったと聞きました。産経新聞の多摩支局の記者が代々タウンズをよく読んでおられて、「産経新聞でも記事にしたい」とご挨拶に見えたこともありましたし、別の方は本社に戻ってから、「多摩にはアサヒタウンズというすごい新聞がある」とみんなに話してくれたとか、他紙の方が評価してくれて、実はアサヒタウンズを一番買っていなかったのが朝日新聞社の人たちではなかったかと、それが非常に残念です。

『多摩デポブックレット』二号に書いてあるように、たましん（＝多摩信用金庫）さんがなぜ**『多摩のあゆみ』**を出し続けているかというと、多摩地域で仕事をさせてもらっているのだから多摩地域のことを知らなくてはいけないし、何か地域に還元していきたい、ということから『多摩のあゆみ』を発行し、歴史資料室をつくり、美術館をやっていらっしゃるのだそうです。アサヒタウンズも、一年や二年ではなく、三七年半も多摩地域で仕事をしてきているのだからその責任があるのではないかと、今でも大変残念に思っています。

『多摩のあゆみ』
財団法人　たましん地域文化財団が発行する季刊誌。たましん本・支店の窓口、御岳美術館、たましん本店内たましんギャラリーなどで無料配布。

最初にも申し上げましたが、四一〇万人もの人口を持つ多摩地域の「県紙」に代わる新聞がない中で、多摩全域をカバーしている新聞はうちだけだったのです。「サンケイリビング」とか「西の風」、「西多摩新聞」もありますが、エリアが限られています。このあたりの価値は認めて欲しかったと思います。

「自分たちで出し続けないのですか」と聞かれるのですが、実は新聞というのは取材して記事を書き、紙面をつくり、印刷するまではそれなりに何とかなるんです。けれども、配る方法が問題なのです。その点では、アサヒタウンズは全面的に朝日新聞におんぶしていたわけで、折り込み料もなく朝日新聞の読者にくまなく配られていたのです。そういうシステムが崩れてしまうと、このボリュームで多摩全域をカバーするのは難しいと思います。ただ、おつきあいのあった方々から、「本当に困っている、アサヒタウンズがあると思っていたのに、どうしてくれる」という声を聞く度、申し訳なかったと思っています。

世の中不景気で、日本全体に閉塞感があって元気がないですよね。公民館にしても図書館にしても一時の輝きがないように思います。職員が減らされ、正職員の比率が下がり、予算も減らされ、本が買えない一方でサービスは求められるという状況で、大事なものが見失われていくというか、お金・効率だけのことで判断されてしまうのが非常に残念だし、このまま続けばどうなってしまうんだろうという不安感があります。立川市のように公民館が学習館に変わってしまったり、目に見えないところで少しずつ大事なものがなくなっていくような気がしています。最近の政策論争を聞いていると、住民サービスなんか要らないんだというような発言もたくさんありますが、住民サービスが充実していかなければ、地域の活性化も街の賑わいもなく、人々も元気にならないんじゃないかと思っています。

残された資料

図書館を取材してきて地域資料がいかに大事か、そして図書館でいかに大事にされてきたかをずっと目の当たりにしてきましたので、アサヒタウンズがなくなる時に、この資料を全部捨ててしまうのは絶対許せないと思って「資料の整理は私にやらせてください」と直訴しました。会社としては業者さんを呼んで全部処分するつもりだったようです。主に市史関係と市民の方が書かれたものなどですが、私としてはその価値判断はできませんが、リストをつくり図書館にＦＡＸを送ることから始めました。ひとりでやっていたものですから限界が

アサヒタウンズの歴史（第1869号　2010.3.25より）

1972. 10	立川市錦町３丁目に本社開設
1972. 10. 7	アサヒタウンズ　テスト版発行
1972. 11. 4	アサヒタウンズ創刊号。13市６町村に約12万部配布
1982. 10	立川駅ビル・ウィル（後にルミネに改称）に本社移転。朝日ギャラリーを開設
1997	武蔵野、三鷹、調布、府中4市にエリア拡大。27万部配布
1998. 4	武蔵野（後に多摩東）、多摩中央（同・多摩西）、多摩南の３地域面を開設
2004. 4	町田、狛江２市にエリア拡大。多摩全域に配布
2005. 4	多摩南版から町田版分離
2006. 1	全ページカラー化。多摩西版から八王子版分離。計50万部配布
2006. 7	立川市錦町２丁目に本社移転。朝日ギャラリー閉鎖
2010. 3 . 25	廃刊
2010. 3 . 31	（株）アサヒタウンズ業務修了

廃刊告知（2010. 2. 25号）を受けての投書は、３月13日までに270通にのぼり、その大多数は、３月18・25日の２回、計６ページに渡って紹介された。

電話での意見も１カ月間に500本ほどあったという。

あって、実は全部の図書館には送れなくて、一〇館くらいでした。この中にリストを送らなかった図書館の方がいらしたら申し訳ありません。最初はよく知っている図書館の方にご相談して、と思ったのですが、何館かに電話してわかりましたが、ほとんどの方が退職されていて、図書館に知っている方がいらっしゃらないという状況だったのです。そうか、私がおつきあいさせていただいていた方々はみなさん団塊の世代で退職の時期を迎えていたんだ、と実感いたしました。誰に送っていいかもわからず、地元の立川市や日野市をはじめいくつかの図書館に送ってみたらとても反応がよく、それ以上送らなくてもよいほどほとんど引き取っていただきました。立川市図書館、小平市図書館、日野市市政図書室などが大口で、あとは一、二冊ずつでもみなさん引き取ってくださって、私としてはゴミにせずに済んで本当にうれしかったです。

また、アサヒタウンズのバックナンバーに関しては、創刊号から廃刊号まで合本したものが二セットありました。実はもっとたくさんあったのですが、二〇〇六年の夏、立川の駅ビルから今の朝日新聞社のビルに移った時点で、図書を大量に廃棄したのです。その時は立川市の図書館だけに声をかけて一部屋いっぱいの資料を見てもらい、台車で二台分ほどを持って行っていただきましたが、創刊号から二〇〇四年までの合本版と、カメラマンや記者が撮影した創刊号からのモノクロフィルムも引き取っていただきました。創刊当時に掲載していた「あなたの学校　空から拝見」という航空写真が全部で一〇〇校分くらいあったのですが、それも立川市に寄贈したはずです。それらはアーカイブとして貴重な資料ではないかと思います。残っていた合本二セットは、立川市中央図書館と小平市中央図書館に差し上げました。というのも、小平市の図書館は「廃刊」というニュースを読んで真っ先にお電話をくださったので早い者勝ちということもあり、この二館に寄贈させていただきました。都立図書館も考えましたが、この間の都立図書館の変貌ぶりを見ていると、都立にあげたらどうなるかわからないと思いやめました。

その時に小平市の図書館の方が**多摩地域の図書館でアサヒタウンズを保存しているところ**を調べて下さったのですが、これからきちんと調べてリストをつくりたいと思っております。

昭島市民図書館では、途中までマイクロフィルムに撮ってくださり、あきる野市の図書館でもきちんと保存してくださっています。それは秋川市と合併してあきる野市となる前の五日市図書館長の平井理さんが一生懸命やっておられた、その資料を引き継がれているのですね。アサヒタウンズがどこにどんな状態で残っているかをきちんと調べてリストに残したいと思っていると申し上げましたが、実は知的財産にかかわるものは全部朝日新聞社が継承しました。そこの担当者が立川市と小平市には「読者から記事の問い合わせがあった場合は貴館を紹介するのでよろしく」とご挨拶に伺いました。

創刊当時から廃刊までの間、多摩地域の図書館の方々には大変お世話になり、感謝の気持ちでいっぱいです。とりとめのない話になりましたが、ここで終了させていただきます。

多摩地域の図書館でアサヒタウンズを保存しているところ

※区市町村立図書館新聞雑誌総合目録（東京都立図書館ホームページ）および各自治体OPACにより調査（2012年4月現在）

昭島市民図書館	1976.1.1 ～　長期
あきる野市中央図書館	1990.1.1～2010.3.25　永年
五日市図書館	1978.9～2010.3.25　永年
小金井市立図書館	503号（1982.11.20）～1869号（2010.3.25）
国分寺市立本多図書館駅前分館	1号（1972.11.4）～1869号（2010.3.25）
小平市中央図書館	テスト版1号（1972.10.7）～1869号（2010.3.25）
立川市中央図書館	テスト版1号（1972.10.7）～1869号（2010.3.25）
多摩市立図書館	122号（1975.4.5）～1869号（2010.3.25）
西東京市中央図書館	1980.6～2010.3.25　図書扱
八王子市中央図書館	5年保存
羽村市図書館	1973～　永年
府中市立中央図書館	1074号（1994.4.2）～1869号（2010.3.25）
三鷹市立図書館	新聞5年保存 図書扱　1990～2006年

質問と感想

【質問】

Q1　全国的に見て、朝日新聞社の傘下で多摩地域の他にこういうものはあったのでしょうか。

A1　創刊当時は「多摩版」とあるように、ゆくゆくは全国展開をしたいと思っていたと思うのですが、実際には「アサヒタウンズ」の名前では多摩以外の発行はありませんでした。ただ、四つの本社と一支社のうち、名古屋でタウンズのようなものが出ていましたが、今は多分ないと思います。大阪本社では一九七七年から「朝日ファミリー」というフリーペーパーを出しています。以前は京阪神地域にポスティングで配っていましたが、今は折り込みにしています。札幌でも一時出していたとか、埼玉でも、という話は聞きますが、「アサヒタウンズ」が部数的にも一番多いし、第三種郵便の認可をとって「新聞」として出し続けたのはうちだけかなと思っています。

Q2　各版の地域割りについて

A2　最初は「武蔵野」「多摩中央」「南多摩」の三つでしたが、最終的には「多摩東版」「多摩西版」「多摩南版」「八王子版」「町田版」の五つの版に分かれました。版替えといって地域版ごとに紙面を組み替えるのも当初は一ページでしたが、最後は二ページに増えました。二〇〇五年までは情報欄はほとんど全地域共通だったのですが、その後各版ごとに分割され、共通のページが一ページになってしまって、隣接市の情報がわからない場合もあり、移動の手段が増えて行動範囲も広くなっている現在では逆に、不便な面もあります。

Q3　就職する直前の頃、実家が杉並にあったのですが、地方にいた私にアサヒタウンズで食べ物が包まれて届いたことがありました。ちょうどその紙面が多摩地域の図書館員が出した報告書（『あらたな歩みを』図書館を考える勉強会　一九八六）の取材記事でした。東大和市に住んでいた友だちが包んで送ったタウンズがめぐりめぐって私のところに届き、その本の購入の連絡先が私の就職先の東大和の図書館だった、という思い出があります。その縁で研究会にも入れていただき、ここにこうしているわけですが、私の人生の節目節目で役に立っていたのが情報欄でした。タウンズがなくなって、イベントを主催する側としても、本当にいろんな分野の記事が載っていたものがなくなって困っています。

今回の廃刊も新聞購読者数が減ったという、ネット社会になったことの余波のひとつだったと思いますが、ネットの方で情報提供、情報を持ち寄る場のようなものをつくっていただくことはできないでしょうか。

A3　私たちも情報難民がたくさんできてしまうことに対して何らかの責任があると思い、ネットの活用も含め色々模索していますが、まだ実現には至っていません。アサヒタウンズを惜しんでたくさんのお手紙を寄せてくださった方々や、少し前にあきる野市でお話しした時に来てくださった方たち、みんな六〇代、七〇代の年齢の高い方ばかりなのです。インターネットでの情報発信は、ある意味その方たちを切り捨てることになるのではという危惧もありますが、「ネットでもないよりはありがたい」という方もいらして、現在検討中です。ネットだと配布費用がかからないので財政的には助かりますが、「朝日新聞」の看板をはずした私たちにどれだけ情報を寄せていただけるかという心配もあります。ただこれからはどんどん若い人たちにも読んでほしいし、ネットは新しい読者を増やす面もあると思っています。

もしネット版ができたら、何よりも情報の欄は設けたいと思います。記者時代も一〇行ぐらいの中に短く、それでも内容がわかるようにと工夫して書くことがとても好きだったのです。もうひとつやりたいことは「本の紹介」です。創刊当時から二〇〇五年までずっと多摩地域に関する本、多摩地域の人が書いた本、多摩地域の出版社が出した本を取り上げる欄がありました。寄せていただいた本のうち三分の一ぐらいしか紹介できなかったのですが、これもすごく意味のあることだと思ってやっていました。

二〇一〇年一一月三日にインターネットで多摩の地域情報を提供する「タウンズ　ウェブ」が開設された。http://towns-web.com

Q4　七〇年代から多摩が一番動いていた時代を記録してきたアサヒタウンズが果たした役割は大きく、その情報は非常に重要なものだと思います。記事をデータ化して検索できるようにするのも、意味があるのではないかと思うのですが。共同保存図書館を考える中で、我々多摩デポもかかわっていくことができればいいなと思います。大変ですけれど、多摩の市民がみんなで力を合わせてできないかと思います。

A4　私自身バックナンバーを見ることはあまり多くないのですが、記事を読むと取材した当時のことがまざまざと甦ります。アサヒタウンズは、一時HPをつくっていたことがありました。記事が全部縦書きで読めるという画期的なもので、あれが残っていたらと思うのですが、二〇〇五年に止めてしまいました。データベースは全く手をつけていなくて、色々読者のみなさんから問い合わせがあっても、全部記者が記憶をたどって対応してきたのですが、これからはそれができないので…。朝日新聞本体もデータベース化がやっと進んできた段階で「アサヒタウンズ」までは目を向けてもらえない状態です。どこからどうしたらよいか…。どこかでやることになったら私だけでなく、他にも協力者がいると思います。

【感想】

どういう方が集まるのか全く知らずに山田さんのお名前だけで参加したのですが、会場でたくさんの図書館の知り合いの顔が見えてびっくりしています。

私も多摩地域での生活が長く、アサヒタウンズとのお付き合いもずいぶん長いのですが、イベントの案内でも本紙の多摩版に載るよりもずっと集客効果がありました。また、載せ方も丁寧で主催者側の気持ちに立った載せ方をしてくれました。読者としても情報提供者としても便利に利用させていただいた記憶があります。背景としては、おっしゃるとおりで、情報構造が変わってくる中で早めに手を打たないとこういうことになるということを様々なところで見てきました。新聞も出版も構造を変えることでしか生き残ることができない時代だと思っています。

本の世界とミニコミの世界に長く携わってきた者として、感謝の気持ちと残念だなという気持ちで、改めてお礼を申し上げたいと思います。